- Théâtre -

Poème pour une nuit d'anniversaire

Dominick Parenteau-Lebeuf

- Editions Lansman -

Les personnages :

- Le père
- Le spectre de la mère
- Le chien
- L'aînée
- La cadette
- Le benjamin
- Des poulets, des légumes et des fleurs

La pièce *Poème pour une nuit d'anniversaire* :

- a été créée par les étudiants de l'Ecole Nationale de Théâtre du Canada (Montréal) le 22 avril 1993 dans une mise en scène de Lou Fortier.

- a été lue publiquement dans le cadre du festival "*Premières Rencontres*" au Théâtre de Poche de Bruxelles (Belgique), le 19 septembre 1994 sous la direction de Layla Nabulsi.

- a été lue publiquement dans le cadre du concours "*Cartes blanches aux auteurs*" de Théâtre Ouvert à Paris (France) le 19 octobre 1995 par Denise Bonal. Lauréate du concours, elle a bénéficié d'une seconde lecture publique au Théâtre de l'Odéon, le 21 octobre 1995 par Christiane Cohendy.

- a été mise en ondes par Michel Sidoroff et diffusée sur France-Culture le 16 mars 1996, dans le cadre de l'émission "Nouveau Répertoire Dramatique" de Lucien Attoun.

- a été mise en espace dans le cadre du festival "*Mousson d'Eté 96*" à Pont-à-Mousson (France) le 30 août 1996 sous la direction de Michel Didym.

- a été lue publiquement au Théâtre des Confluences à Paris (France) le 21 octobre 1996 et à la Médiathèque de Mulhouse (France) le 28 janvier 1997 sous la direction d'Olivier Foubert.

Une nuit de la fin du mois de juillet, à la campagne. Trois heures du matin. Au centre de la cour d'une vieille maison, dont une seule fenêtre est éclairée, un gros érable centenaire trône. Le spectre d'une femme, morte il y a exactement un an cette nuit-là, est assis sur la plus grosse branche. Il tient un gâteau de fête portant une unique bougie, et est coiffé d'un petit chapeau d'anniversaire ridicule. Au pied de l'arbre est installé un très vieux chien, une couverture sur les genoux. On verra plus tard qu'il marche debout, comme un être humain. Plus loin, un tas de bois de construction. Seules la bougie et la fenêtre éclairent la nuit.

Le spectre de la mère : Aujourd'hui, c'est ma fête. J'ai un an. Un an sonnant. *(Il prend du glaçage avec le doigt et le suce longuement)* Je suis né à l'heure où la nuit savoure son premier matin de la journée. Je suis né, et tout le monde a sorti ses larmes les plus perlées, ses fleurs les plus colorées, ses poignées de mains les plus solides et ses vêtements les plus beaux. J'ai eu la chance de découvrir le monde comme on aimerait qu'il soit toujours. J'ai eu cette chance car c'était pour moi, pour moi seul, que cette belle réunion avait lieu. Ils étaient là. Tous ! Ma famille et la sienne, mes amis, nos copains, mes collègues et les siens. Il y avait lui, mon amour, et aussi mon aînée, ma cadette et mon benjamin. Il ne manquait que le chien. Ils étaient là - tous - pour me souhaiter la bienvenue.

J'imagine que ça sent bon. Je veux dire les fleurs, les arbres, le jardin. C'est l'été. Je le sais. Je me souviens. Ma mort a achevé leur juillet et assassiné leur août. J'imagine que ça goûte bon. Je regarde mon gâteau et le goût du sucre me revient. Avant, je veux dire avant la transparence, la dernière fois que j'ai eu des os et de la peau, du sang et des dents saines, j'avais quarante-cinq ans. *(Il prend beaucoup de glaçage et se l'étend autour de la bouche)* Mais aujourd'hui, j'ai un an. Que ça lui plaise ou non. Que ça leur plaise ou non.

(Le spectre souffle sur sa bougie - la lune apparaît - et se met à manger le gâteau très goulûment. Le père arrive en

pyjama. Il transporte un escabeau et un coffre à outils. Le chien jappe faiblement. Le père dépose le coffre et installe l'escabeau sous l'arbre. Il y monte, s'assoit sur la dernière marche et regarde le spectre dans les yeux. Le spectre fait glisser son doigt sur le gâteau et le tend au père, qui le suce)

Le spectre : Tu ne me souhaites pas bonne fête, mon amour ?

(Le père ferme les yeux et se jette en bas de l'escabeau en hurlant. Le chien hurle doucement et plaintivement. Le benjamin sort de la maison avec une mallette ; il n'est, pour l'instant, qu'une silhouette sombre et immobile. Jusqu'à ce que le chien se lève, les trois enfants ne se verront pas et ne s'adresseront qu'au noir, qu'au vide)

Le benjamin : Papa ?

(Bruit de moteur. Une voiture arrive. Une portière claque. L'aînée arrive avec un attirail de couteaux et de ciseaux. Elle n'est, pour l'instant, qu'une silhouette sombre et immobile)

L'aînée : Papa ?

(Bruit de sonnette. La cadette arrive en poussant sa bicyclette. Elle tient une lettre. Elle n'est, pour l'instant, qu'une silhouette sombre et immobile)

La cadette : Qu'est-ce que c'était ?

Le benjamin : Le chien ?

L'aînée : Le chien ?

La cadette : Papa ?
(Silence. Le chien se lève péniblement et scrute la noirceur)

Le chien : C'est vous ?

L'aînée, la cadette et le benjamin : Oui, le chien, c'est nous.

La cadette : Qu'est-ce qui s'est passé ?

Le chien : Il est tombé.

La cadette : Il est mort ? Est-ce qu'il est mort ?

Le chien : Non. Il a seulement chuté.

Le benjamin : Quand ?

Le chien : A trois heures précises.

L'aînée : Où ?
Le chien : Au bas de l'escabeau.

La cadette : Il doit être tombé de haut ; ça a résonné dans ma tête.

Le chien : Du plus haut de l'escabeau.

Le père : Vous êtes là ? Vous êtes venus ? Tous ?

(Silence)

L'aînée : Je pense que c'est le temps de commencer les conserves et de tuer les poulets.

Le benjamin : Je cherche la valise verte des longs voyages. *(Il entre dans la maison en laissant la mallette à l'extérieur)*

La cadette : Je n'avais pas le temps de te parler. J'ai entendu le bruit. Je suis venue... Je me demandais...

L'aînée : Je suis venue me cueillir des tonnes de fleurs.

La cadette : Je suis venue te porter une lettre.

Le père : Je suis tellement content d'entendre vos voix.

L'aînée *(après un temps)* : J'imagine que tu t'es fait mal ; tu as crié comme un poulet qu'on égorge. Tu as besoin de quelque chose ?

Le père : De vous.

Le benjamin *(sortant de la maison)* : Papa ?

Le père : Quoi ?

Le benjamin : Est-ce que tu t'es fait trop mal pour venir m'aider à chercher la valise verte ?

Le père : Oui. *(Le benjamin entre dans la maison. Un temps)* Il part ?

L'aînée : Oui.

Le père : Non ! Il n'en est pas question ! Ne partez pas !

L'aînée : J'ai du travail à faire. *(Elle sort avec ses ciseaux)*

La cadette : Tu veux que je t'aide à te relever ?

Le père : C'est pour ça que je suis tombé. Allez, laisse ta bicyclette et viens m'aider. *(La cadette lâche sa bicyclette, qui verse sur le côté, mais s'arrête net)* Ma cadette...

(Le chien tousse. Il prend sa couverture et la met sur ses épaules. L'aînée arrive avec une brassée de fleurs qu'elle laisse tomber par terre)

L'aînée : Le chien, tu es vraiment devenu un bon à rien.

Le chien : Tu voudrais peut-être m'achever ?

L'aînée : S'il le faut...

Le chien : Rappelle-toi, tu as déjà pleuré à l'idée que je pouvais mourir.

L'aînée : Peut-être. Mais aujourd'hui, je pourrais rester les yeux secs en te perçant l'estomac.

La cadette : Ne parle pas comme ça au chien.

L'aînée : Je parle au chien comme je parle à n'importe qui n'importe où.

Le père : C'est notre chien. Celui de notre famille. Fais-y attention. Viens m'aider, le chien.

(Le chien s'avance péniblement)

L'aînée : Quelle famille ? De quoi parles-tu ? Où sont les poulets ?

La cadette : Laisse les poulets ; ils dorment.

Le père : Laisse les poulets et reste avec nous.

L'aînée : Laissez-moi. *(Elle sort avec ses couteaux et ses ciseaux)*

La cadette *(reprenant sa bicyclette)* : Papa, tu as vraiment fait beaucoup de bruit en tombant.

(Le chien aide le père à se relever)

Le père : Je voulais que tu m'entendes. C'est ta mère qui m'a poussé en bas.

Le spectre : Menteur !

La cadette : Maman ? Tu l'as vue ? Pourtant, elle est mmm... ooo... rrr... ttt... e.

Le père : Je sais. Mais je la vois souvent.

La cadette : Souvent ? ... Moi, jamais. *(Silence)* Qu'est-ce que tu faisais sur l'escabeau ?

Le père : J'essayais de voir où vous étiez.

(Des poulets crient. Un silence suit)

La cadette : Le benjamin fait ses malles. Je suis partie depuis un an. L'aînée depuis plus longtemps.

Le père : Vous n'êtes jamais parties. Et il ne va pas partir.

La cadette : Papa, je n'ai pas le temps de te parler. Prends ça. *(Elle lui tend la lettre)*

Le père : Je commence à vous construire une maisonnette. Cette nuit. Pour vous trois. Ton frère va arrêter de faire ses valises, ta soeur va cesser son massacre des poulets, des légumes et des fleurs. Et toi, tu vas me raconter tous les téléphones manqués. Elle sera solide. C'est important d'avoir une maison résistant aux intempéries. Dans ce pays, l'hiver est trop long et le temps trop cruel ; c'est de la folie que des petits oiseaux comme vous restent dans la rue.

Le spectre : Leurs nouveaux nids sont très bien. Tu ne les as pas encore vus, c'est tout.

La cadette : Mais papa, on n'a pas besoin de ta maisonnette. On a des toits, tu sais.

Le père : Je vous ferai un beau toit en bardeaux de cèdre. C'est ma spécialité. Regarde comme ce bois est beau. Comme il a bien vieilli. *(Il se frotte les mains, prend une planche de bois et l'observe)*

Le spectre : Tu es aveugle ; tu ne veux rien voir.

Le père : A l'ouvrage !

La cadette : Il fait nuit noire, papa.

Le père : Je vois, même les yeux fermés.

La cadette : Mais papa...

Le benjamin *(sortant de la maison)* : Je prends tes rasoirs, papa.

Le père : Laisse mes rasoirs et viens voir les os de ta nouvelle demeure.

Le benjamin : Je prends tes rasoirs, papa.

Le chien *(au benjamin)* : J'ai faim et j'ai mal aux pattes. Apporte-moi mes bouboules, s'il te plaît.

Le benjamin : Je n'ai pas le temps. *(Il entre dans la maison)*

Le chien *(en jappant faiblement)* : Mais j'ai faim !

La cadette : Attends un peu, le chien. Je m'en occupe. *(Elle se dirige vers la maison, en poussant sa bicyclette)*

Le père : Je commence cette maisonnette. Tout de suite.
(Le père prend un marteau dans son coffre à outils. Le chien ferme les yeux. Le père écoute le silence et prend peur. Le marteau lui tombe des mains sur le pied. Il hurle. Le chien aboie faiblement. Un poulet crie)

Le benjamin *(sortant, la valise verte à la main)* : Papa ?

La cadette : Papa ?

L'aînée *(arrivant avec un poulet mort)* : Papa ?

Le chien : Le marteau lui a cogné le pied.

Le spectre : J'ai un an. *(Sur l'air de "Happy Birthday")*
        Bon-ne fê-te, mmm... mmm...
        Bon-ne fê-te, mmm... mmm...
        Bon-ne fê-te
        Bon-ne fê-te
        Bon-ne fê-te, à mmmoi !

Le benjamin : Maman ?

L'aînée : Maman ?

La cadette : Qu'est-ce que c'est ? ... Maman ? Maman ? Le chien ?

Le chien : Ne dites pas que je ne vous ai pas avertis ; le marteau lui a cogné le pied.

Le père : Le marteau. Sur mon pied. Mes os sont brisés.

Le benjamin : Papa ?

L'aînée : Papa ?

La cadette : Papa ?

Le père *(après un temps)* : Oui, mes petits ?

Le benjamin : Dis-moi...

L'aînée : Dis-moi...

La cadette : Dis-moi...

Le benjamin : Tu sais où elle est la petite valise vernie ivoire ?

L'aînée : Tu sais où je pourrais trouver une hache pour les cous trop coriaces ?

La cadette : Tu sais si ça fait un an aujourd'hui... qu'elle est mmm... ooo... rrr... ttt... e... ?
(Silence. Le chien râle discrètement)

Le benjamin : Mais où ? Les petits greniers ? Les cagibis ? L'armoire de cèdre ? Les placards ? La cave ? Réponds-moi ! Papa, je t'ai posé une question ! *(Il attend, puis entre dans la maison, laissant la valise verte à côté de la mallette)*

L'aînée : Tu veux que je fasse un fouillis pour trouver cette satanée hache ? C'est ça ? ... Parfait. *(Elle se dirige vers le poulailler)*

La cadette : Papa ? Tu m'as entendue ? ... Réponds-moi, s'il te plaît !

Le père *(reprenant le marteau)* : Dans votre nouvelle maison, vous n'aurez plus à poser de questions. Je vous placerai tout, bien comme il faut.

La cadette : Réponds-moi ! *(Le chien jappe maladivement)* Non ? ... Alors, tu l'auras voulu. *(Elle jette sa bicyclette par terre, ouvre la lettre et la lit)*

"Salut. Je me suis débranchée du téléphone. J'espère que le chien n'est pas mort. Maman ne m'est toujours pas apparue, alors j'attends et je dors beaucoup en espérant. Je suis partie avec elle, je reviendrai avec elle. Un jour qu'il fera chaud, j'arriverai en bicyclette. Salut. La cadette".

(La cadette tient la lettre du bout des doigts. Le chien tend difficilement une patte, prend la lettre et se met à la manger) Je suis arrivée. Maintenant, dis-moi... Est-ce que ça fait un an ?

Le père : Le premier clou.

Le chien *(mâchant la lettre)* : J'ai faim.

La cadette : Réponds-moi.

Le chien : J'ai mal.

Le père : Un autre clou.

La cadette : Je veux une réponse !

Le chien : Je veux de l'eau...

(Un poulet crie)

Le père : Le chien ?

La cadette : Laisse le chien et réponds-moi.

Le chien : ...de l'eau froide.

Le père : De l'eau froide pour le chien et un autre clou. Cette maisonnette sera terriblement belle et indislocablement solide.

La cadette : Une réponse, papa !

(Un poulet crie. Le père continue de construire la maisonnette. L'aînée arrive avec une hache pleine de sang et un poulet mort)

L'aînée : Un autre cou !

La cadette : Passe-moi ta hache !

L'aînée : Pour un autre cou ?

La cadette : Donne-moi ça. Il faut que je lui parle. *(Elle arrache la hache des mains de l'aînée)*

L'aînée : Tu es folle ! Papa !

(L'aînée jette le poulet sur le tas de poulets et sort en courant. Le benjamin sort de la maison, alerté par l'aînée)

Le benjamin : Papa !

La cadette *(brandissant la hache)* : Est-ce que c'est comme aujourd'hui, papa, qu'elle est morte l'année passée ? *(Un temps)* Réponds-moi ! *(Un temps)* Répondez-moi, quelqu'un ! Le chien ! Est-ce que ça fait un an aujourd'hui ? Répondez-moi !

Le spectre : Oui.

La cadette : Répondez-moi, quelqu'un ! ... Maman !

Le benjamin *(bas, comme il peut)* : Oui.

(Silence)

La cadette : Répondez-moi !

Le chien : Elle a dit oui.

La cadette : Elle a dit oui ? *(Elle laisse tomber la hache et s'effondre par terre. Silence)*

Le benjamin : Je suis désolé, ma cadette. Le oui est sorti comme un râle si pâle. Quand c'est trop triste, et quand je te vois comme ça, il y a comme un chat qui se couche en travers de ma gorge. Et je deviens un peu muet. Et j'ai mal. Comme toi, maintenant. Mal comme tout le monde sauf que c'est mon mal à moi. Ma voix qui fuit. Tu sais où il est le sirop rose, le remède miracle pour les voix bloquées ? Il faut que je bouge ; je ne veux pas me faire prendre par l'heure bleue. Ça m'abîme et ça me gèle les conduits. N'oublie pas de laisser la hache où elle est. *(Il entre dans la maison)*

Le chien : Il n'y a plus de sirop rose. Je l'ai cherché et je ne l'ai pas trouvé.

(L'aînée arrive en courant avec un bouquet de fleurs. Son visage et ses mains sont couverts de sang)

L'aînée : Soeurette... Il y a un poulet qui doit mourir, mais rien à faire. On dirait qu'il est atteint de la vie. Je reprends la hache. Je reviens. *(Elle jette le bouquet sur le tas de fleurs et ressort en courant avec la hache)*

Le père : C'était toi, mon aînée ?

Le spectre : Oui, c'était elle. Mais qu'est-ce que tu es en train de faire ?

Le père : Mon aînée... J'espère que tu vas bien et que tu vas aimer ta nouvelle maisonnette. Reviens vite de la boucherie. Et ramène-moi des fleurs si tu m'aimes.

Le spectre : Chantage ! Tu es mon chanteur préféré. Tu joues si bien que tu ferais pleurer un oignon.

Le père : Laisse-moi faire. Le chien ?

Le spectre : D'accord. Je te laisse. Mais tu l'auras voulu. Le chien ?

Le chien : Donnez-moi à manger.

Le père : Tu viens m'aider, le chien ? Il faudrait continuer.

Le spectre : Tu viens me rejoindre, le chien ? Il faudrait s'en aller.

Le chien *(se levant péniblement)* : J'ai d'autres chats à fouetter. *(Il sort en traînant sa couverture derrière lui. Silence)*

Le père : Ma cadette ? Tu es là ? Tu as faim ?

Le spectre : Le réfrigérateur est complètement vide, et les napperons de la cuisine sont si sales qu'ils tiennent debout tout seuls.

Le père : Tu as faim, ma cadette ?

Le spectre : Tout ce qu'il a à t'offrir est soit moisi, soit pourri.

Le père *(énervé)* : Aaaah ! ... Tu as faim, ma cadette ?

La cadette : Tais-toi ou je te fais avaler tes clous les uns après les autres !

Le père : Mais, ma cadette...

La cadette : Où est le chien ?

(Un poulet crie. Le benjamin sort de la maison avec la valise vernie ivoire)

Le benjamin : Papa ! Je l'ai trouvée !

Le père : Quoi ?

Le benjamin *(brandissant la valise au bout de son bras)* : LA VALISE VERNIE IVOIRE ! Et tu sais quoi, grande soeur ?

La cadette : Quoi ?

Le benjamin : Un vieux fond de sirop rose !

(Le benjamin boit une gorgée de sirop rose, dépose la valise vernie ivoire à la suite de la valise verte et rentre dans la maison. C'est le début du chemin des valises. Le père se remet à "cogner ses clous")

Le père : Non !

(L'aînée entre avec un bouquet de fleurs fanées et un poulet mort, qu'elle jette sur le tas)

L'aînée : Et voilà pour le poulet récalcitrant ! Et voici des fleurs pour toi, papa. Retourne-toi. *(Le père se retourne, le marteau à la main)* Tiens. Elles sont déjà fanées... mais elles sont pour toi. *(L'aînée lui met les fleurs dans les mains, prend une poignée de clous et les lui place dans la bouche. Le père ne bouge pas. Elle lui fait une caresse sur la joue)* Alors, soeurette, tu as eu la communication ?

La cadette : Non. ... Tu t'intéresses à autre chose qu'à tes poulets, tes fleurs et tes légumes, maintenant ?

L'aînée : Ah ! Tiens, les légumes, c'est vrai ! Je reviens.

La cadette : Non ! Attends ! Reste !

L'aînée : Il y a quelque chose qui ne va pas ?

La cadette : Viens m'aider à me relever. Le chien a disparu je ne sais où... et je suis à bout.

Le père *(avec difficulté à cause des clous qu'il a dans la bouche)* : Ma cadette...

La cadette : Je ne te parle pas. Je parle à l'aînée. Arrête de faire pitié et réponds-moi, la prochaine fois, quand je te poserai une question. *(A l'aînée)* Et toi, qu'est-ce que tu attends ? Le temps des sucres ? Donne-moi la main.

L'aînée : Tout de suite.

(L'aînée aide la cadette à se relever. La cadette se dirige vers sa bicyclette, la remet sur ses roues et tient fermement le guidon)

La cadette : Merci. Maintenant, retourne à tes légumes. Je n'ai plus besoin de toi. ... Allez ! Va retrouver ta conserverie, ta boucherie, ton fleuriste, ton fournisseur !

L'aînée : Attends... Tu vas lui faire mal ?

Le benjamin *(sortant de la maison)* : Papa ?

La cadette : Pas plus mal que toi et tes clous.

L'aînée : J'ai dit : "Tu vas lui faire mal ?"

Le benjamin : Où est la hache ?

L'aînée et la cadette : En sécurité.

Le benjamin : Qu'est-ce qui arrive à papa ?

La cadette : Tout est sous contrôle. Il n'y a pas d'inquiétude à avoir.

L'aînée et la cadette : Maintenant, retourne à tes valises.

La cadette : N'oublie pas la mappemonde.

L'aînée : Et le couteau pour ouvrir les poissons.

Le benjamin : Pourquoi ?

L'aînée : Parce que, quand on part, on va toujours à la pêche.

La cadette : Et on risque souvent de se perdre.

Le benjamin : Vous avez l'air de vous y connaître. Je vous fais confiance. *(Il rentre dans la maison)*

Le spectre : La question "Tu vas lui faire mal ?" est sur le tapis...

L'aînée : Je t'ai posé une question, soeurette !

La cadette : Ironique que ça soit toi qui pose ce type de question. C'est toi qui lui fais mal d'habitude... *(Un temps)* Mais maintenant, c'est à mon tour.

Le spectre *(sur l'air de "Gens du pays" de Gilles Vigneault)* : Mon cher papa, c'est à ton tour de te laisser parler d'amour... *(Il rit)*

L'aînée : Mais tu ne sais pas comment le toucher ; moi, je sais. Regarde mes mains. *(Elle frappe le père au ventre, puis* *lève les bras en "hold-up")* Toi, tu as les mains comme ça, des mains inefficaces.

La cadette : Et toi, les mains d'une meurtrière !

L'aînée : Non. J'ai seulement des mains habituées, dressées à enlever les indésirables de mon chemin. Mais je sais comment les contrôler. C'est pour ça que je peux t'aider. Regarde, je lui ai à peine fait mal. *(Un temps)* Pense à moi. Je serai avec les légumes. Au jardin. *(Le chien arrive en marchant péniblement et en traînant sa couverture)* Tiens, salut, vieux-toutou-que-l'arthrite-ronge ! *(Elle sort. Tout l'univers se fige)*

Le chien *(saignant de la bouche)* : Tu te trompes. L'arthrite ne me ronge pas ; c'est moi qui me gruge et qui me mange... et c'est le temps qui m'assassine. J'ai faim. J'ai plus faim que faim. Je suis en train de me digérer l'intérieur. Tranquillement, à très petite vitesse, mais sûrement. Maintenant je sais. Il n'y a plus de bouboules depuis des siècles dans cette maison. C'est pour ça qu'on ne m'a pas nourri depuis très longtemps. Le benjamin a dû oublier. Tout le monde oublie tout, ici. Les dates de fêtes, les dates de morts, ceux qui vieillissent et les heures des repas, tout le monde oublie ça. *(Au père)* Tu m'as donné à bouffer récemment ? Je le savais. Je m'en doutais. Et après, il voudrait que je l'aide. Je suis peut-être vieux, mais pas fou. Je sais que je sombre dans l'oubli. J'ai fait le tour de tout ce qui existe ici, et je n'ai rien trouvé. Il n'y a plus rien. Plus rien qui tienne. Au niveau du bol, au niveau du sol, à la hauteur du benjamin qui est si grand maintenant : plus rien ! Les photos qui étaient sur le mur sont tombées. Et elles ont disparu. Les meubles du boudoir sont partis avec l'aînée, et la cadette a pris une berçante et un tapis. J'ai grimpé sur une chaise et je n'ai vu que des armoires vides. Je suis descendu et je me suis mordu la langue. C'est le besoin qui fait que tout tient encore. Même le plus jeune et les valises s'en vont... Toute cette histoire n'est même plus digne d'une vie de chien. *(Il sort en traînant sa couverture)*

Le spectre : Le chien... Le chien... Qu'est-ce qui t'arrive ? Le chien, où vas-tu ?

La cadette : Le chien... Où vas-tu, le chien ? Qu'est-ce qui arrive au chien ? *(Regardant le père)* Et toi, qu'est-ce qui t'arrive ? Dis quelque chose ! On dirait que même les insultes, les coups et l'humiliation ne te font rien.

(Le père ouvre lentement la bouche et les clous tombent)

Le père : C'est parce que je sais que tout ça est faux. Tu es ma cadette et tu ne peux pas me faire du mal. *(Il se penche pour ramasser les clous)*

Le spectre : Oh ! si, qu'elle le peut.

La cadette : Tu crois ça ?

Le père : Oui. *(Il se remet à construire la maisonnette qui prend peu à peu des allures de prison)*

La cadette : Eh bien, c'est parce que tu es fou.

Le père : Je suis ton père. Je ne suis pas fou... Je suis ton père. Cette maison est ta maison.

La cadette : Non !

Le père : Ce chien est le tien et il mourra si tu ne t'en occupes pas.

La cadette : J'ai une maison, et pas de chien. Ma maison est ailleurs ; en marchant, tu ne peux y arriver avant bien longtemps.

Le père : Je ne comprends pas. Ta nouvelle maison est en construction. Tu ne peux pas y déjà habiter.

La cadette : Tu ne comprends rien à rien ! Je devrais te briser les os pour être si inconscient !

Le père : Tu ne peux pas me faire mal. Tu es ma cadette.

L'aînée *(arrivant avec une citrouille)* : Oh si, qu'elle le peut !

Le père : Où as-tu pris cette citrouille ?

L'aînée : C'est juillet et ton jardin est un vrai foutoir anachronique. Où est le chien ?

Le père : Laisse-le. Dans l'état où tu es, tu pourrais le tuer.

L'aînée : C'est vrai. Mais ce n'est pas pour ça que je le cherche.

La cadette : Quoi ? Tu veux savoir si le trou que tu lui as creusé lui convient ?

L'aînée : Oui... si tu veux.

La cadette : A côté des courges ?

L'aînée : A côté des courges, derrière le blé d'Inde.

La cadette : Je vais voir si ce trou est convenable. *(Elle sort en direction du jardin)*

Le chien *(arrivant en mangeant du papier journal)* : Je suis sûr que tu as fait pour le mieux et que ce trou m'ira comme un gant. Maintenant, laisse-moi.

L'aînée : Très bien, le chien. ... L'heure est maintenant venue de faire une razzia dans les patates. *(L'aînée sort)*

Le père : Tu viens me donner un coup de patte, le chien ?

Le chien : Ce n'est pas l'envie qui me manque... *(Il s'écrase par terre et met sa couverture sur sa tête)*

Le spectre : J'adore ton humour, le chien. Il me tarde que tu viennes me rejoindre. ... Ah quel spectacle ! L'homme dans toute sa splendeur ! Mon amour, l'architecture de ta maisonnette ressemble étrangement à...

Le père *(construisant avec acharnement)* : Je ne veux pas de ton avis. Je n'en suis qu'à la charpente et tu ne connais rien à la construction.

Le spectre : Si tu le prends comme ça...

La cadette *(arrivant)* : Une architecture de trou comme j'en ai rarement vu !

Le père : Ma cadette ! Enfin tu aimes ton nouveau nid... *(au spectre)* ...et son architecture !

La cadette : Mais qu'est-ce que tu racontes... ? Où es-tu, papa ? Dans ta lune où tout se passe toujours comme tu veux ?

Le père : Oui, ma cadette... et viens m'y rejoindre. Il y a toujours de la place pour toi dans les lunes où je vais.

La cadette : J'imagine que si j'y vais, tu vas me dire "je t'aime".

Le père : Mais je t'aime ! Pourquoi te dirais-je autre chose ?

La cadette : Tu me fais pitié ! Maman ! ... Maman, je veux rêver ! Je veux rêver !

(La cadette laisse tomber sa bicyclette, se jette par terre et ferme les yeux. On entend seulement les coups de marteau et les cris des patates qu'on massacre)

Le père *(se remettant à sa contruction)* : Ta mère est morte, ma cadette.

La cadette : Ta gueule ! Je sais que c'est toi qui l'enfermes ! Tu la gardes pour toi ! Tu es si lâche ! Laisse-moi dormir ! Laisse-moi rêver !

Le spectre : Moi, je fais des rêves... je veux dire, je fabrique des rêves. J'en donne à tout le monde. Du moins, j'essaie. Il n'y a que ma cadette qui... Mais l'autre nuit, pour la première fois, j'ai réussi. Un tout petit. Elle l'a intercepté. Dans son rêve, dans mon message, son père lui disait : "Maman m'a parlé. Elle m'a dit qu'elle s'ennuyait là où elle était et que nous lui manquions terriblement". La cadette n'a pas pleuré. Elle a juste été déçue. C'est tout ce que je peux faire. C'est le plus près d'elle que je peux être, on dirait...

Le père : Tiens, ta bicyclette est tombée. C'est bien. Je vois que tu veux rester avec moi. Je n'ai plus à avoir peur. Je savais. Je savais ! Maintenant, tu vas convaincre mon benjamin qu'il est vraiment trop petit pour partir, et le tour sera joué.

La cadette *(ouvrant les yeux et se relevant)* : Un jour, demain peut-être, ou dans quelques heures, tu auras vraiment peur de ma bicyclette. Elle peut m'emporter très loin, tu sais. Tu es aveugle ; tu ne veux rien voir.

Le spectre : C'est de moi, ça !

Le père : C'est ta mère qui me dit ça.

La cadette : C'est vrai ? *(Elle ferme les yeux)* Maman ! Dis-moi que j'ai raison ! Dis-moi qu'il est fou dans son logis ! Débile dans sa maisonnette ! ... S'il te plaît... Dis-moi !

Le chien (*sortant la tête de sous sa couverture*) : J'ai faim !

La cadette : Dis-moi !

Le spectre : Il est aveugle ! Les jalousies sont fermées à clé dans sa tête de père qui ne veut pas lâcher !

La cadette : Maman ?

Le père : Ta mère est morte, ma cadette.

La cadette : Tais-toi ! Maman, dis-moi... !

Le spectre : Fais quelque chose, le chien, sinon c'est foutu.

Le chien : Je veux manger ! Nourrissez-moi !

La cadette (*yeux fermés*) : Maman, dis-moi... !

(*Un poulet crie*)

Le chien : Allez tous vous faire cuire un oeuf ! Je vais m'arranger avec ce qui me reste d'instinct.

(*La faim réveillant le chasseur qui dort en lui, le chien se lève, enfourche la bicyclette de la cadette et se dirige vers le poulailler. La cadette ouvre les yeux*)

La cadette : Ma bicyclette ! Le chien !

Le spectre : Le chien !

L'aînée (*off*) : Vous n'y échapperez pas !

(*Des poulets crient. Silence*)

La cadette : Le chien... Maman... C'est fini. C'est foutu !

Le père : Pas du tout. Regarde ! La maisonnette est plus belle que jamais !

(*Un poulet crie très fort et le chien aboie comme si on l'attaquait. Le benjamin sort de la maison avec une malle*)

Le benjamin : Le chien ?

La cadette : Le chien ?

Le spectre : Le chien ? Qu'est-ce que tu fais ? Qu'est-ce qui se passe ?

La cadette : Maman ?

Le benjamin : Maman ? Maman, c'est toi ?

(Silence. L'aînée arrive avec deux poulets morts au bout de ses bras victorieux. Elle est pleine de sang et de légumes pourris)

L'aînée : Les poulets sont farcis ! Les patates sont liquidées ! Les tomates, agonisantes ! Vous avez l'air de cadavres exquis. Je vous aime. Tenez, voici des baisers pour vous. Ma soeur... Mon père...

Le benjamin : Et moi ?

L'aînée : Pour toi aussi, j'ai un baiser. Approche un peu ici que je t'embrasse.

Le benjamin *(après un temps)* : Finalement, ce n'est pas encore le temps des embrassades.

(Il dépose la malle à la suite des autres valises et rentre dans la maison. Un poulet crie, le chien aboie et la bicyclette tombe)

La cadette : Ma bicyclette !

(Elle sort, courant vers la catastrophe. Le père arrête sa construction)

Le père : Le chien !

Le benjamin *(ressortant de la maison)* : Le chien !

L'aînée : Au trou !

(Le père se retourne et frappe l'aînée au visage. Silence)

Le père : Jamais plus, tu m'entends ? Ce n'est pas parce que le chien est un chien que...

L'aînée : ...que le chien doit mourir comme un chien ?

Le père : Tais-toi !

L'aînée : Pourquoi ?

Le père : Parce que c'est fini, la démolition ! Par... ce... que... je... ne... peux... plus... sup... porter... la... dis... lo... ca... tion...

L'aînée : Papa ! Ça va ?

Le père : Ta gueule ! Plus jamais, j'ai dit. PLUS JA-MAIS !

L'aînée : Mais...

Le père : C'est notre famille, tu m'as compris ? C'est notre famille. Le chien est notre famille.

Le benjamin : Qu'est-ce qui se passe ?

Le père : Quoi ? Ça t'intéresse ?

Le benjamin : Peut-être.

Le père : Alors, si tu crois que oui, viens donc ici pour voir.

Le benjamin : C'est grave ?

Le père : Oui.

L'aînée : Non. Laisse. Retourne à tes valises.

Le benjamin : Je crois qui dans tout ça ?

Le père : Mais moi, mon petit poulet dernier !

Le benjamin : Alors, réponds à ma question : est-ce que quelqu'un se meurt ?

Le spectre : Ça se pourrait.

Le père : Non.

Le benjamin : Alors, ce n'est pas la peine de me déplacer. Tu avais raison, grande soeur. Je retourne à mes valises.

La cadette *(arrivant avec le guidon arraché et une oreille du chien)* : Non, reste. Ça vaut la peine.

Le benjamin : Quoi ?

La cadette : Tu demandais pour la mort, c'est ça ?

Le benjamin : Oui.

Le père : Quoi ?

Le benjamin : Qui ?

L'aînée : C'est le chien ?

La cadette : C'est le chien.

L'aînée : Je le savais.

La cadette : Il s'est battu avec un poulet et il a perdu.

Le père : Le chien...

Benjamin : Le chien... *(Il rentre dans la maison)*

Le père *(à l'aînée)* : Va le chercher.

L'aînée : Je l'amène directement au trou à courges ?

Le père : Ferme-la. Arrête tes drôleries et fais ce que je te dis.

L'aînée : Non !

Le père : Obéis !

L'aînée : Mais, papa...

Le père : Tu voudrais peut-être m'attendrir ? Va le chercher, j'ai dit.

L'aînée : Ne m'y oblige pas, je t'en prie...

Le père : Tu m'implores, maintenant ? C'est joli... Ramène-le ici tout de suite.

L'aînée : Papa, s'il te plaît...

Le père : Je t'ai dit d'aller chercher le chien. D'aller chercher le chien !

L'aînée : Mais, papa...

Le père : Quoi ?

L'aînée : Je vais l'achever !

Le père : Ce n'est pas ce que tu voulais, il me semble ?! J'ai dit : va le chercher !

L'aînée : Non !

Le père : C'est la dernière fois que tu me désobéis ! Ôte-toi de mon chemin ! Ce chien a le droit qu'on aille le ramasser. *(Il sort vers le poulailler)*

L'aînée : "C'est la dernière fois que tu me désobéis." Ma millième dernière fois ! J'en ai assez. Tu l'auras voulu !

La cadette : Sors tes ciseaux. Tu vas en avoir besoin.

Le benjamin *(sortant de la maison avec une valise)* : Alors, mes soeurs, qu'est-ce qu'on fait ?
(Un temps. Les trois enfants se regardent)

Le spectre : Faites quand même un tout petit peu attention.

(Le père ramène le chien en le tirant par les pieds. Ce dernier tient toujours sa couverture entre les pattes. Le sang coule de son oreille arrachée)

Le père : Poussez-vous ! Faites place au chien !

Le benjamin : Le chien ?

Le père : Quoi ?

Le benjamin : Le chien ?

Le père : Quoi ?

Le spectre : Laisse, le chien. Ne te fatigue pas. Je lui fais le message. *(Au père)* Tu te prends pour le chien à présent ? C'est très laid, tu sais. Surtout vu d'ici.

Le père : Mais parlez-moi ! Laissez le chien et dites-moi quelque chose !

Le benjamin : Le chien ?

Le chien *(faiblement)* : Toi, le père de famille, pas un mot. C'est à moi qu'il parle ! *(Au benjamin)* Qu'est-ce qu'il y a, mon petit ?

Le benjamin : Ne meurs pas tout de suite, le chien. Attends-moi. C'est crucial. Je reviens.

Le chien : D'accord.

(Le benjamin rentre dans la maison. Silence)

Le père : Qu'est-ce qu'il y a ? Qu'est-ce que je peux... Parlez-moi ! Ne partez pas !

Le spectre : Tais-toi. Arrête. Tu me déprimes.
Le père : Je vous déprime ?

L'aînée : Oui. ... Pauvre toutou. Il va falloir le faire piquer. Il va falloir qu'il meure. *(Elle sort)*

Le père : Je vous déprime ? C'est ça ?

La cadette : Oui. ... D'une façon ou d'une autre, il va bien falloir. N'est-ce pas, le chien ? *(Elle sort)*

Le chien : Ça ne sert plus à rien de vouloir manger. Les poulets sont plus jeunes et plus forts que moi maintenant.

Le père : Restez ! Revenez ! Votre demeure est ici ! Ici ! Refaites le chemin jusqu'ici ! *(Au chien)* Toi, tu ne peux pas mourir comme ça. Tu n'as pas le droit de me claquer dans les bras. Pas aujourd'hui. Pas cette nuit. ... Le chien, écoute-moi encore un peu. Et vous, revenez ! Revenez ! *(Silence)* Non ? Bon, alors, je vais vous montrer. Vous allez voir.

(Le père se remet furieusement à la construction de la maisonnette-prison. Le benjamin sort de la maison avec une valise et une laisse)

Le benjamin : Le chien ?

Le père : Quoi ?

Le benjamin : Je veux parler au chien. Parler au chien !

Le chien : Quoi ?

Le benjamin : J'ai une question et une faveur.

Le chien : Vas-y.

Le père *(toujours au travail)* : Non ! Reste ici !

Le benjamin : Tu me prêtes ta laisse ?

Le chien : Je te la donne. A condition que tu parles de moi au prochain chien que tu rencontreras.

Le benjamin : Promis. Et quand tu seras prêt à mourir, avertis-moi.

Le chien : Très bien.

Le père : Très bien.

(L'aînée arrive en aiguisant ses ciseaux et ses couteaux)

Le benjamin : Quand tout sera en place, avertis-moi.

L'aînée : Entendu. *(Le benjamin dépose la valise sur le chemin et rentre dans la maison)* Tu sais, le chien, je suis sérieuse à propos du trou.

Le chien : Je sais. Merci. Il n'y a que toi pour penser à ça.

L'aînée : J'aimerais partir avant le matin, alors tu te dépêches, s'il te plaît...

Le chien : Je fais ce que je peux.

Le père : Je fais ce que je peux.

La cadette *(arrivant avec la chaîne de sa bicyclette qu'elle fait tourner dans l'air)* : Ma bicyclette est en morceaux ! Comment je vais faire pour...

Le chien : Je suis en morceaux et je n'y peux rien.

La cadette : Oui, mais ma bicyclette...

L'aînée : Laisse. Je te ramènerai en voiture.

Le chien : Laissez-moi, maintenant.

Le père : Laissez-moi continuer votre maisonnette maintenant.

L'aînée : J'ai des mastodontes de légumes à mettre dans la bagnole. Tu viens m'aider ?

La cadette : J'arrive. *(L'aînée sort. La cadette la suit)*

Le chien *(la rappelant)* : Tu peux me couvrir, s'il te plaît ? *(La cadette s'exécute)* Merci.

L'aînée *(off)* : Dépêche-toi ! Il y a une citrouille qui me donne du mal !

La cadette : J'arrive.

(La cadette sort. Le benjamin sort de la maison avec une valise)

Le benjamin : Moi aussi. *(Il dépose la valise sur le chemin et disparaît dare-dare)*

L'aînée *(off)* : Ouvre-moi le coffre, je suis à bout !

Le benjamin *(off)* : Tu sais que tu pourrais gagner un concours avec une citrouille comme celle-là ?! C'est vrai. Et de concours en concours, tu arrives à la grande finale mondiale des citrouilles ! En Avignon !

Le père *(arrêtant net sa construction)* : Non !

L'aînée *(off)* : Laisse faire les festivals de citrouilles en Avignon et passe-moi les tomates, que je les mette dans le panier.

La cadette *(off)* : Tu amènes les betteraves géantes ?

L'aînée *(off)* : Je ne sais pas.

Le benjamin *(off)* : Je veux garder quelques poulets pour la route.

L'aînée *(off)* : D'accord, mais j'emporte les plus gros.

La cadette *(off)* : J'ai trouvé des paniers pour mettre sur ma bicyclette. Tu crois que je pourrai la réparer ?

L'aînée *(off)* : Pourquoi pas ?

La cadette *(off)* : Alors je pourrai peut-être partir avec un ou deux poulets. Et une petite citrouille. Peut-être...

Le benjamin *(off)* : Moi aussi.

Le père : Non ! Je regrette, mais personne ne partira d'ici sans ma permission. De toute façon, maintenant que votre mère est partie, vous n'avez plus que moi et la maisonnette. *(Il rentre dans la nouvelle maisonnette-prison)* Regardez si elle est belle ! ... Regardez si elle est belle ! ... Venez voir si elle est belle ! *(Au spectre)* Dis-leur qu'elle est belle !

(Les trois enfants sortent de l'ombre. Devant eux, le chemin des valises)

Le spectre : On était bien dans la maison. L'été était bon ; les persiennes gardaient jalousement la fraîcheur à l'intérieur. L'hiver était confortable ; le foyer n'arrêtait plus de nous rappeler notre famille. Les derniers jours - je veux dire quelques jours avant que ma tête n'explose - je restais couchée sous le tilleul. Et pendant que le sang mauvais gagnait mon cerveau, je regardais la maison où je savais que je ne serais plus jamais bien. ... C'était l'été, je vous l'ai dit. Juillet finissait, août arrivait vitesse-vapeur. Exactement comme maintenant. L'aînée était déjà partie. La cadette s'y préparait, et le benjamin... on savait que bientôt, il en rêverait. J'ai choisi ce moment-là pour mourir. Cette nuit-là, c'était parfait. ... Je suis partie proprement. J'ai laissé couler le sang à l'intérieur de moi. Tout a explosé dans ma tête et, logiquement, tout est descendu vers le bas. C'est merveilleux la loi de la gravité quand on veut mourir rapidement. Je suis sortie de ma vie très tranquillement pour laisser le temps à l'ambulance d'arriver saine et sauve au grand établissement.

(Les trois enfants font des signes d'au revoir et chantent une berceuse)

Le père : Vous ne me ferez pas dormir ! Vous ne me ferez pas peur ! Vous ne partirez pas ! Vous allez vous laver, enfiler vos pyjamas et vous coucher !

Le spectre : Tu veux peut-être qu'ils se brossent les dents, aussi ?

Le père : Vous ne partirez pas. C'est clair ?

Le spectre : Ils n'y voient rien ; il fait noir comme chez le loup.

Le père : J'ai dit : "C'est clair ?"

Le benjamin : Pas clair du tout. On n'y voit rien. Hou-hou !

Le spectre : Tu vois ?

L'aînée : Tu piges, papa ?

Le benjamin : C'est l'heure du pyjama, papa... Fais dodo...

(L'aînée, le benjamin et le spectre rient)

La cadette : Papa...

Le père : Le chien ? Ce sont mes petits oiseaux qui rient comme ça ?

Le spectre : Et comment ! En plus d'être aveugle, serais-tu sourd, ma parole ?!

Le chien : Oui, ils rigolent très fort. Et j'ai presque envie de rigoler avec eux. La pression est trop forte quand on se meurt.

(L'aînée, le benjamin, le chien et le spectre rient. La cadette ferme les yeux)

La cadette : Maman ?! Fais-moi dormir ; je n'ai pas envie de rire. ... Vous autres, arrêtez de rire. ... Maman ?!

Le spectre : Je suis là, ma cadette. Dors, je te dis.

La cadette : Maman ?! ... Maman ?! *(Un temps. Elle ouvre les yeux)* Papa, aide-moi !

Le père : Viens ici, ma cadette.

La cadette : C'est tout ce que tu trouves à dire ? Je ne veux pas un prix de consolation, je veux... je veux... Arrêtez ! Arrêtez de rire ! ... Maman ?!

(Silence)

L'aînée : Bon. Moi, je m'en vais au poulailler.

Le benjamin : Bon. Moi, je retourne à mes moutons.

(Le chien s'étouffe. L'aînée et le benjamin éclatent de rire et sortent)

La cadette : Je veux dormir ! Je veux me fondre dans un autre monde !

(La cadette disparaît. Un vide étrange emplit la cour. Le père est emprisonné dans sa maisonnette. Le spectre tient une petite valise qu'il a décrochée d'une branche. Sous sa couverture, le chien est immobile)

Le père : Où êtes-vous ? *(Silence)* Mes petits, où êtes-vous ?

(Bruit d'un couteau qu'on aiguise. Un poulet crie. Le benjamin sort de la maison avec une valise, la place sur le chemin, et retourne rapidement à l'intérieur)

La cadette *(murmurant, off)* : Je veux dormir. Je veux rêver. Je veux dormir. Je veux rêver. Dormir. Rêver. Dormir. Rêver...

(Le père crie. Silence. Il crie de nouveau. Il hurle en secouant les barreaux de sa prison. Personne ne vient)

Le père : Le chien ?

Le chien : Quoi ?

Le père : Tu n'es pas mort ?

Le chien : J'achève. Mon agonie tire à sa fin.

Le père : Où sont-ils ? Que font-ils ? Dis-le moi, le chien.

Le chien : Je ne sais plus rien.

Le père : Non ? Non... *(Silence)* Le chien ?

Le chien : Quoi ?

Le père : Je peux te parler à toi ?

Le chien : Jusqu'à nouvel ordre, je suis toujours le confident de tes nuits d'insomnie.

Le père *(après un silence)* : Tu te rappelles les soupers ?

Le chien : Et comment !

Le père : On mangeait. Rien de pourri. On riait... Tu venais nous voir pour les restes. L'aînée te donnait toujours des bouts de pain en dessous de la table. La cuisine était rouge. Rouge heureux. Tous les soirs. ... Je n'ai jamais revu ce rouge-là nulle part.

Le chien : Ce n'est pas vrai.

Le père : Oui, c'est vrai ! ... Tu confonds avec le rouge sanglant. Le rouge aux yeux de la cadette, la nuit de la mort. Le rouge aux joues de mon benjamin, au réveil de cette nuit mortelle. Le rouge du cinquième étage de l'hôpital. Le rouge de la robe de chambre de la femme du lit d'à côté. Celle qui avait les yeux si creux. Et si rouges. ... Rouge ! Rouge ! Rouge ! Rouge ! Rouge... *(Il sort de la maisonnette, monte sur l'escabeau et effleure le spectre)* Et le rouge qui coulait de ton nez. Ce rouge qui venait de ton cerveau, qui éclaboussait ta vie et venait salir la mienne. Tu te rappelles ? La nuit. La couverture rouge dans l'ambulance. Et tes yeux qui, déjà, ne me voyaient plus. L'hôpital... Tu te rappelles ? Tu es morte. Tu t'en souviens ? Il était trois heures précises. *(Silence)* Rouge. Rouge. Rouge. Rouge. Rouge. Rouge. Rouge...

Le chien : Je suis prêt.

(Le chien râle un dernier jappement et le père fait de même. Dans la maison, à sa façon, le benjamin remercie le chien de l'avoir averti. Un poulet crie)

Le père : Et le rouge du téléphone quand la cadette a crié : "Noooon !" ... Et le rouge du ciel quand je suis revenu à la maison. J'entendais l'aînée souffrir dans la voiture qui me suivait. Il commençait à faire jour : le ciel ne s'est jamais plus permis un rouge comme celui-là depuis. Si tu avais pu le voir... Un ciel rien que pour toi. ... L'aînée a sorti ses lunettes noires des jours trop longs. Un rouge trop fort, trop puissant : un hommage à ton sang !

Le spectre : Tais-toi, maintenant.

Le père : Le rouge heureux n'existe plus.

Le spectre : Il est mort.

Le père : Je crois qu'ils m'ont laissé. Je crois qu'ils sont partis. Tous... Ils sont partis. Ils m'ont laissé... Tous, même le chien. ... Le chien ?! Tu me fais une place dans ton ombre ?

(Il se jette en bas de l'arbre et tombe à côté du chien. Le benjamin sort de la maison avec un étui à violon)

Le benjamin : Le chien ?

(La cadette entre en se frottant les yeux. Elle tient un crayon et une feuille)

La cadette : Le chien ?

L'aînée *(arrivant, pleine de sang, avec un poulet mort)* : Le chien ?

Le benjamin : Il est mort.

Le spectre : Il est mort.

L'aînée et la cadette : Il est mort.

Le benjamin : Merci, le chien, de m'avoir averti.

Le père : Ce n'est rien.

(Silence)

La cadette : Est-ce qu'il est complètement mort ?

Le benjamin : On dirait.

L'aînée : D'habitude, la mort est définitive. *(Un temps)* Voilà toujours un dernier poulet. *(Elle jette le poulet sur le tas)* J'ai fini ma récolte.

Le benjamin : J'ai fini mes valises.

La cadette : J'ai rêvé de maman.

Le père *(murmurant)* : Il est mort.

Le spectre : Requiem pour une pauvre bête, pour un pauvre type, pour un pauvre chien.

Le père : Il est mort.

L'aînée : Je vais chercher la brouette.

Le benjamin : Je vais chercher ses bouboules.

La cadette : Je vais chercher maman.

Le père : Vous êtes là ? Vous êtes revenus ? Tous ?

Le spectre : Pour son enterrement. Ne te fais pas d'idées.

(L'aînée sort et le benjamin rentre dans la maison avec l'étui à violon. La cadette s'appuie au tronc de l'arbre et ferme les yeux)

Le père : Le chien... ne me laisse pas tout seul ! Laisse-moi t'accompagner dans la mort ! *(Il se serre contre le chien. Sur le sol, ils forment un unique cadavre exquis)*

La cadette : Maman ?! ... Maman ?!

Le spectre : Oui, ma cadette.

La cadette : Maman !

Le spectre : Je suis là, ma cadette.

La cadette : Maman...

Le spectre : Oui.

La cadette : J'ai rêvé.

Le spectre : Je sais.

La cadette : J'ai rêvé que nous étions dans une voiture rouge et que nous roulions très vite sur les routes d'Espagne. C'était Noël et il faisait trop chaud. Tu étais assise en avant à côté de papa. Et moi, j'étais assise derrière lui. Ta fenêtre était ouverte ; ta main prenait l'air frais à grandes poignées et nous le lançait au visage. Tu riais et tu nous offrais des olives et du pain baguette. Puis soudain, papa a stoppé la voiture. Le benjamin se tenait très fort l'estomac et l'aînée avait la couleur maladive des olives. Ils sont sortis de la bagnole en courant. Papa les accompagnait. Et pendant qu'ils vomissaient, tu m'as dit que tu devais mourir. Maman, pourquoi tu es... ?

Le spectre : ... Pourquoi je suis partie ?

La cadette : Oui.

Le spectre : Je vivais et j'étais déjà morte.

La cadette : Mais on pouvait encore se parler. Tu te souviens ? Quelques jours avant que tu ne partes, tu t'étais assise dans la grande chaise rose et blanche avec ton beau chapeau de paille et tu m'avais dit...

Le spectre : ...parle-moi de tes amours.

La cadette : ...parle-moi de tes amours.

Le spectre : Je n'ai jamais cessé de t'aimer.

La cadette : Moi non plus. C'est juste que tu me manques terriblement. Je ne comprends pas pourquoi, un jour, j'ai dû cesser de te voir subitement.

Le spectre : J'avais trop mal. Est-ce que tu peux comprendre ça ?

La cadette *(après un silence)* : Maintenant, oui. ... Des fois, quand mon ennui me fait des douleurs sans nom, et que, dans la noirceur de ma chambre, j'essaie de te trouver en mourant un peu, j'imagine que tu apparais dans le cadre de porte, toute belle et toute souriante... comme quand tu espérais encore, pendant cet hiver sans fin à l'hôpital. Et là, à chaque fois, tu passes la porte, tu t'avances vers moi ; je te dis tout et je repars sans que personne n'ait mal ni ne fasse d'histoires.

Le spectre : Et la suite du rêve ?

La cadette : Tu n'avais plus beaucoup de temps. L'aînée et le benjamin avaient presque fini d'être malades, et papa revenait à grands pas vers l'auto. Tu m'as parlé très vite. Mes oreilles sont devenues très grandes et j'ai compris que tu me parlais de papa et de ceux qui ne comprendraient pas. Qui n'accepteraient pas. J'ai aussi compris que tu parlais de moi. Que j'étais aussi de ces gens-là. Et comme papa se rapprochait dangereusement de la voiture, tu as ajouté...

Le spectre : ...la mort à petits pas, juillet, l'ambulance, le corps qui appelle la mort et la tête qui cède, qui comprend que la peau n'en peut plus. Et le départ définitif. ... Et là, je t'ai embrassée.

La cadette : Papa est arrivé, et je me suis réveillée. ... Je suis rassurée. Maintenant, je peux partir tranquille.

Le spectre : Maintenant, je peux...
La cadette : Mais je viens à peine de te re... *(Silence)* Notre chien est mort, maman.

Le spectre : Je sais.

La cadette : Tu viendras pour l'enterrement ?

Le spectre : Je serai là. Je suis là.

(Le spectre jette son chapeau de fête au bas de l'arbre. La cadette ouvre les yeux, le ramasse et le met sur sa tête. L'aînée arrive avec la brouette pleine de légumes, qu'elle déverse sur le tas)

L'aînée : J'en ai profité. *(Observant la cadette)* Tu as finalement eu la communication ? Tu es prête à partir ?

La cadette : Oui.

(Le benjamin sort de la maison avec une pelle, l'étui à violon et une valise, qu'il dépose à la suite des autres. Il s'avance pour la première fois dans la zone des tas et de la maisonnette-prison)

L'aînée : Qu'est-ce que tu fais avec mon étui à violon ?

Le benjamin : Il est bien. Compact. Et sans violon. En plus, il ressemble à une masse, une arme de défense personnelle en cas de voyage périlleux.

L'aînée : Bien. Et la pelle ?

Le benjamin : J'ai pensé que ça pourrait être utile pour l'enterrement. Il ne restait plus de bouboules. Depuis longtemps, je crois...

L'aînée : As-tu appelé pour le buffet ?

Le benjamin : Oui.

La cadette : Rien de chaud, j'espère. J'ai lu quelque part que les buffets froids et la mort vont toujours de pair.

Le benjamin : Non. Tout est froid. Ne t'inquiète pas.

La cadette : Et le trou ?

L'aînée : Le trou ?

Le benjamin : Tu... tu... tu... permets que je déplace le trou à courges ?

L'aînée : Je ne vous avais pas dit que le trou à courges était amovible ?

La cadette : C'est pratique ; maintenant, on peut se permettre de mourir n'importe où.

Le benjamin : On est sûr de trouver son trou.

(Les trois enfants rient, puis se mettent au travail. Le benjamin se dirige vers la maisonnette, rentre à l'intérieur et se met à creuser. L'aînée et la cadette déposent le père et le chien dans la brouette. Ensuite, elles disposent des fleurs sur les corps pendant que le spectre triste chante en sourdine un air de blues. Finalement, les trois enfants se placent en ligne derrière la brouette. La cadette se tient au centre. Elle sort un bout de papier de sa poche et lit)

La cadette : "L'été létal. L'été juillet. Mois des morts. Hommage à toi, notre chien crevé".

L'aînée et le benjamin : Hommage à toi, notre chien crevé.

La cadette : "Tu n'as pas toujours été vieux et faible, on le sait. Il fut un temps, les premiers temps, où tu étais fringant et de sang pur. Tu étais roux, tu étais blanc, tu étais doux et plein de dents. Les os de tes pattes savaient supporter tes sauts et tes humeurs. Plus tard, les maux de tes pattes ont raccourci tes promenades et tes ardeurs. On t'aimait, on t'aurait tout donné, les bouboules les plus fines et les meilleures pâtées. Tu étais notre chien à poème, notre chien à rêver. Mais tu sais ce que c'est... Le temps a filé, gros toutou, et tu as dû te piquer. Quand la maison se vide, à quoi ça sert de rester ? Et quand la mort est imminente, plus qu'évidente, de quoi ont-ils l'air, les entêtés ? Tu as compris ; tu t'es fait l'euthanasie. Tu t'es créé ton suicide nécessaire. Ta mort pour la vie. Juste pour ta fin, on t'a fait un trou tout beau, un petit creux si peu profond. S'il te plaît, fais de ta mort quelque chose de gros, pour qu'enfin il s'en fasse une raison. Qu'enfin il s'en fasse une raison ! Bon voyage, notre chien. C'est la fin. Fin". *(Elle ouvre la gueule du chien et lui place la lettre entre les dents)* Bon voyage !

L'aînée et le benjamin : Bon voyage !

L'aînée : Brouette !

La cadette : Brouette !

(La cadette empoigne la brouette et la pousse jusqu'à la maisonnette. L'aînée et le benjamin vont déposer le chien dans son trou et le recouvrent de sa couverture. Ils sortent de la maisonnette et laissent entrer la cadette, qui dépose un bouquet sur le corps du chien. Elle donne un petit coup de pied au cadavre, puis sort. Au même moment, le père sort des limbes et s'assoit dans la brouette)

Le père : Le chien ?

L'aînée : Il est bel et bien mort ?

La cadette : Bel et bien...

Le père : Le chien ?

L'aînée *(au benjamin)* : Qu'est-ce que tu crois, toi ?

Le benjamin *(à la cadette)* : Qu'est-ce qu'on fait ?

La cadette : Il faut qu'on bouge.

L'aînée : Je m'occupe de mes tas.

Le benjamin : Et moi, de finir mes valises.

La cadette : Et moi, de réparer mon vélo.

(L'aînée empoigne la brouette dans laquelle le père est toujours assis)

Le père : Où est le chien ?

Le spectre : Notre chien est mort.

L'aînée : A l'ouvrage !

(L'aînée amène la brouette près du tas de légumes et commence à la charger. Le père est couvert de légumes et ressemble à un vulgaire détritus. Le benjamin allonge son chemin de valises, et la cadette réassemble sa bicyclette avec les pièces qu'elle va chercher sur le lieu de l'accident. Le spectre fait sa petite valise en cueillant ses effets personnels cachés dans l'arbre. L'aînée sort en courant et en poussant la brouette vers la voiture)

Le père (*off*) : J'ai mal au coeur... J'ai mal aux tripes ! Tout va trop vite. Ralentis ! C'est trop rapide. *(L'aînée revient avec sa brouette vide de ses légumes et la charge de poulets et de fleurs)* Deux enterrements en un an. Ça fait trop de cadavres sur les bras. C'est trop lourd pour mes petits os fragiles. Une femme, un chien, des légumes, *(l'aînée lui met des fleurs dans les mains)* des fleurs, *(l'aînée lui met des poulets dans les mains)* des poulets... Laisse-moi descendre ! *(L'aînée repart à toute vitesse vers la voiture)* Laisse-moi descendre ! Il faut que je termine la maisonnette. Il faut que j'installe le chauffage central ; le lavabo de la cuisine ; le réfrigérateur de ta chambre, mon aînée ; le long et mince tapis dans ta petite étude étroite, mon benjamin ; la lampe en coin et le bureau à roulettes pour écrire plus vite, dans la pièce de ma cadette !

(L'aînée revient, renverse le père par terre et le traîne par les pieds jusque dans la maisonnette-prison, où elle l'enferme)

Le père (*poursuivant comme si de rien n'était*) : Il faut aussi que j'installe la cuisinière. Et dessus, la bouilloire. Et le rond allumé. Et l'eau qui bout. Et la bouilloire qui siffle sur le poêle ; et la crème qui crie pour qu'on la change de place, du garde-manger à l'armoire ; et le beurre rance qui ronfle et le jambon qui court après sa jeunesse ; et la télévision dans l'antichambre de l'ennui ; et la radio dans la douche pour les jours d'extinction de voix ; et la chambre froide, dans la cave, pour les cadavres de légumes et d'animaux. Mais soyez sans crainte ; vous pourrez venir manger avec moi dans la grande maison, si vous voulez. Je vous inviterai. Je vous invite. Maintenant-tout-de-suite.

(Le père s'accroche aux barreaux de la maisonnette-prison)

Le spectre : Ce n'est pas l'heure de manger. Tu restes ici. J'ai à te parler.

(Tout est terminé. Le chemin des valises est complété, la bicyclette est réparée et les tas de bouffe et de fleurs sont en sûreté)

Le père : Ne partez pas ! Votre mère n'aurait pas aimé ça.

Le spectre : Menteur ! J'aurais été nostalgique, c'est tout.

Le père : Ne partez pas ! Qu'est-ce que je vais faire si vous me quittez ? Je vais m'effondrer. J'ai peur la nuit. J'ai peur du noir. Je vais me disloquer.

L'aînée : Au revoir, papa.

Le père : Je vais peut-être mourir... Votre mère n'aurait pas aimé ça.

Le spectre : Tais-toi !

L'aînée : Merci pour les poulets.

Le père : Et la maisonnette ? Et votre toit ?

Le spectre : Si tu penses que tes os en bois vont changer quoi que ce soit à la dislocation, tu te trompes. Tu te goures royalement. Les os, le bois, tout s'effondre un jour.

L'aînée : Merci pour les fleurs et les légumes. C'est dommage pour le chien. Au revoir, papa !

(L'aînée embrasse le père à travers les barreaux de la maisonnette, puis part)

Le père : Mon aînée ! Ma fée du jardin et de la basse-cour ! Reviens !

L'aînée *(off)* : Au temps des pommes ! Salut, maman !

Le spectre : Au revoir, mon aînée ! Au temps des sucres !

(Et la voiture s'en va. Le benjamin sort de la maison et empoigne, en passant, son étui à violon. Il s'avance vers la maisonnette-prison)

Le père : Mon benjamin !

Le benjamin : Papa. J'ai pris tes rasoirs, ton gros chandail de laine, la mappemonde, ton jeu de cartes avec un oiseau dessus, la laisse, le couteau à pêche et le livre sur les pirates et la navigation.

Le spectre : Voyage léger, mon benjamin.

Le père : Tu prends toutes mes valises ?

Le benjamin : Finalement, après mûres réflexions, je prends seulement l'étui à violon. *(Il ouvre l'étui à violon afin de lui montrer ce qu'il contient, et tout tombe par terre. Il ramasse en vitesse)*

Le père : Tu es sûr de vouloir partir, mon benjamin ? Je vois que tes bras sont faibles, que tu es encore gauche et maladroit.

Le benjamin : Je ne suis pas gauche et maladroit !

Le père : Mais plus de chien, plus de toi. Qu'est-ce que je vais devenir ?

Le benjamin : Je t'ai déplumé un poulet pour le dîner. Il n'y a plus de pain. Ni de confiture. Ni de légumes frais. Mais il y a du lait. Au revoir, papa.

Le père : Non ! Viens ici, mon benjamin. Je t'aime, mon petit poulet dernier. *(Le benjamin s'avance à petits pas vers la maisonnette-prison. Le père l'agrippe par le bras et le tient solidement)* Tu vas rester ici, tu m'entends ? Si tu pars, je suis foutu. Ne me laisse pas ici au milieu de cette nuit de souvenirs. Va te coucher immédiatement, tu m'as compris ? Tu veux me rendre fou ?

Le benjamin : Non, papa. Non, je te le jure.

Le père : Allez, j'ai dit ! Au dodo !

Le spectre : Fais-lui entendre raison, mon benjamin. Ton voyage périlleux commence ici.

(Le benjamin assène un coup d'étui à violon sur le crâne du père et s'enfuit en courant. Le père tombe, la tête entre les barreaux de la maisonnette)

Le benjamin *(off)* : Au revoir, papa !

Le père : Reviens ici tout de suite !

Le benjamin *(off)* : Après le tour du monde ! Au revoir, maman !

Le spectre : Au revoir, mon benjamin ! A quand tu seras grand !

(La cadette, jusque-là immobile, tenant fermement le guidon de sa bicyclette réparée, s'avance vers le père)

La cadette : Papa ?! ... Papa ?! C'est bientôt le matin. Il va falloir que tu te réveilles ; le soleil se lève tôt, l'été. *(Silence)* Papa ? Est-ce que tu veux que je t'aide à te relever ? Est-ce que c'est pour ça que tu es tombé ? *(Silence)* Je m'en vais.

L'épicerie ouvre dans quelques heures et mon réfrigérateur est vide. Papa ?! Je voulais te dire que... j'ai parlé avec maman. Si tu la vois, dis-lui que je l'aime. Je n'ai pas le temps de m'endormir. Tu veux lui dire pour moi, s'il te plaît ?

Le père *(relevant la tête tranquillement)* : Et moi ?

La cadette : Toi quoi ?

Le père : Qu'est-ce que tu as pour moi ?

La cadette : Une lettre. *(Elle lui donne la lettre)*

Le père : Ma cadette, reste déjeuner avec moi.

La cadette : Papa, oublie un peu la bouffe et le remplissage d'estomac ; laisse-moi partir. A quoi ça sert de me retenir ?

Le père : Mais, ma cadette, c'est pour que tu restes avec moi.

Le spectre : Pitoyable !

La cadette : Papa, tu es complètement marteau ! Tu ne comprends rien à rien ! Il faut que je parte. Il faut que je file vite. J'ai trop peur de tourner en bourrique. Je ne veux plus m'entendre te parler avec cette voix qui vocifère. Je ne veux plus entendre ta plainte dans mes oreilles.

Le père : Mais, ma cadette...

La cadette : Arrête de t'écouter pleurer ! Arrête de crier et d'y prendre ton pied ! Tu ne vois plus rien ! Tu es aveugle !

Le spectre : Tu vois ce que je te disais ?!

Le père : Mais regarde comme je suis faible. Regarde mes bras qui tremblent. Si tu pars, je casse et je m'effondre. Tu ne voudrais pas ça, n'est-ce pas ?

La cadette : Chantage ! Tantôt, avec le marteau dans les mains, tu avais l'air du charpentier de ta jeunesse. Regarde mes mains, toi ! Regarde-les ! Elles sont solides sur mon guidon. Elles le tiennent solide et serré. *(Appuyant sa bicyclette contre elle)* En arrivant ici, elles étaient comme ça. *(Mains en "hold-up")* Comme ça, tu vois ! Maintenant, elles pourraient casser n'importe quoi, plier du métal, briser du bois, défoncer des murs et frapper quelqu'un qui ne voudrait pas s'enlever de mon chemin.

Le père : Tu ferais ça ?

Le spectre : Bien sûr que non.

La cadette *(reprenant le guidon de sa bicyclette)* : Non. Mais je suis sûre que mes mains en seraient parfaitement capables. Et c'est assez. Maintenant...

Le père : ...tu t'en vas ?

La cadette : Oui. N'oublie pas de dire à maman que je l'aime. Et dis-lui aussi merci pour les rêves. Maintenant, je comprends pourquoi elle est morte si soudainement. Si un jour je lui en ai voulu, c'est seulement parce que je ne savais pas. Que je ne pouvais pas savoir. Que je n'avais pas accès à tous vos rêves. Dis-lui merci.

Le père : Quoi ?

La cadette : Et n'oublie pas de lire la lettre.

Le père : Quelle lettre ? Ma cadette, qu'est-ce qu'elle t'a dit ? Dis-le-moi. ... Qu'est-ce qu'elle t'a dit ? Elle ne m'aime plus ? C'est ça ? Elle ne m'a jamais aimé et c'est pour ça qu'elle est partie ?

La cadette : La lettre, papa. Ta lettre. Je l'ai écrite juste pour toi. En pensant à toi.

Le père : Qu'est-ce qu'elle t'a dit ? Réponds-moi, ma cadette ! Réponds-moi !

La cadette : C'est fou comme je suis ta fille.

Le père : Réponds-moi ! Qu'est-ce qu'elle t'a dit ? Ne pars pas ! Ne t'en va pas ! Vous ne vous rendez pas compte ?! Il ne reste plus que moi. Et la maison est trop grande...

La cadette : Au revoir, papa. N'oublie pas la lettre. Je t'aime.

(Elle s'apprête à partir. A la dernière seconde, elle se retourne, ferme les yeux et fait un petit signe d'au revoir vers le spectre. Puis elle part)

Le spectre : Au revoir, ma cadette ! Au temps des rêves !

Le père : Nooooooooon !

Le spectre : Tais-toi ! Tu vas réveiller le chien.
(Silence)

Le père : Qu'est-ce que tu lui as dit ?

Le spectre : Tu le sais déjà.

Le père : Je ne sais rien du tout.

Le spectre : Tu ne veux rien savoir. Nuance.

Le père : Qu'est-ce que tu me veux ? Même toi, tu veux casser ma cabane ?

Le spectre : On n'en a rien à foutre de ta cabane. De toute façon, elle est déjà par terre, si tu veux mon avis. Ta cabane, c'est un château en Espagne pour les enfants que tu n'as plus.

Le père : Je n'ai rien à faire de ton avis. Qu'est-ce que tu lui as dit ?

Le spectre : Je lui ai raconté ta version de ma mort et la mienne.

Le père : Ma version ? Quelle version ?

Le spectre : Arrête de faire l'innocent. Selon toi, je me suis laissée mourir. Tu crois en fait que je me suis suicidée. A petit feu. Dans ta tête, quelqu'un te dit que j'ai laissé le mal se propager en moi et que j'ai tout simplement abdiqué.

Le père : Tu n'avais pas le droit de te laisser prendre par la mort.

Le spectre : Mais qu'est-ce que tu racontes ?

Le père : Je t'aimais ! Je t'aimais ! Même après les opérations et les mutilations ! Même sans ses petits bouts de toi qu'on avait charcutés !

Le spectre : Je ne pouvais plus supporter que tu me voies comme ça ! J'avais trop mal ! Trop mal !

Le père : Tu n'avais pas le droit de mourir. Tu aurais dû te battre. On s'aimait.

Le spectre : Quand tu parles comme ça, tu oublies tout. Tout. ... Tout ce que tu retiens, c'est la trahison.

Le père : Lâche !

Le spectre : Egoïste !

Le père : Ne dis pas ça ! Tu es injuste... Je t'aimais tellement.

Le spectre : Je voulais m'en aller. Je préférais la vie dans la mort à la mort dans la vie... tu n'y as jamais pensé ? Ça ne t'a jamais effleuré l'esprit ?

Le père : Impossible ! C'est impossible. Tu ne pouvais pas me laisser. On était de vrais amoureux. On s'aimait comme deux minets... *(Aux enfants partis)* Revenez ! Je vais dépérir. M'enlaidir. M'effriter. Pourrir. M'enli...

Le spectre : Tu veux peut-être qu'ils se sentent coupables, aussi.

Le père : Tais-toi. ... Revenez !

Le spectre : Laisse-les ! Ils savent ce qu'ils font.

Le père : Laisse-moi. ... Revenez !

Le spectre : Tais-toi ! Je te dis qu'ils t'aiment.

Le père : Ils ne peuvent pas m'aimer.

Le spectre : Tu es complètement siphonné. Tu ne veux absolument rien voir.

Le père : Revenez ! Revenez ! On pourrait s'acheter un nouveau...

Le spectre : Laisse !

Le père : ...chien ! Un chien. Le chien ! *(Silence)* Ne me laissez pas tout seul... Qu'est-ce que je vais faire ? *(Silence)* Tu as raison ; j'ai l'impression d'avoir été abandonné, trahi. Par toi. Par eux. Par le chien, même.

Le spectre : Le chien a fait ce qu'il avait à faire. Et il l'a fait proprement. Pas de sang. Moi, j'ai seulement choisi la vie. Dans une mort noble et propre. Dans une grande maladie. La plus grande de toutes. *(Le spectre jette sa valise au bas de l'arbre, se pend à la branche et se laisse tomber sur le sol)* Je peux t'embrasser ? ... Je peux ?

(Le spectre s'agenouille à côté du père et l'embrasse longuement)

Le père : Je ne peux pas me passer de toi. C'est trop difficile de s'habituer. J'ai peur du noir.

Le spectre : Le soleil se lève tôt, l'été.

Le père : Mais l'automne, l'école, la pluie et la déprime s'en viennent.

Le spectre : Il y a le vent frais... Et il y a les pommes.

Le père : Reste avec moi.

Le spectre : Je suis morte. *(Silence)*

Le père : Tiens, voilà un dollar. Tu veux aller m'acheter du pain pour le déjeuner ?

Le spectre : Au revoir, mon amour.

Le père : J'ai faim !

Le spectre *(sortant du gâteau de sa valise)* : Tiens. Il me reste un peu de gâteau.

Le père : Reste encore un peu.

Le spectre : J'ai fait mon temps. Un an... Tu viens, le chien ? *(Le chien sort de la maisonnette-prison en traînant sa couverture et donne la patte au spectre)* N'oublie pas la lettre, mon amour...

Le père : Mon amour !

Le spectre et le chien *(disparaissant dans la noirceur)*: Au revoir.

Le père : Je t'aime ! Ne pars pas ! J'ai moins peur des fantômes que des vivants ! Reviens me rassurer ! Reviens me hanter ! Reviens aussi, le chien ! Au moins dans mes rêves ! Au moins... J'ai la frousse, la trouille des vivants. Les enfants sont infidèles. Reviens ! Mes petits infidèles... Revenez ! *(Il prend la lettre de la cadette)*

La cadette *(off)* : Papa. Je te connais. Je sais qu'en ce moment, tu penses déjà à un autre chien. Mais il n'en est pas question ; nous ne reviendrons pas pour un autre cabot. Nous avons eu le nôtre, notre tour est passé. Je suis déjà loin, mais je pense encore à toi. A tout ce que tu pourrais imaginer. Attends avant de tomber à nouveau de l'escabeau. Laisse-moi arriver là-bas. Laisse-moi m'installer. Laisse-moi le temps de pouvoir revenir et te ramasser convenablement. J'ai parlé à l'aînée...

L'aînée *(off)* : ...et, même avec tout son attirail de ciseaux et de couteaux sur le dos, elle a dit que peut-être tu la verrais arriver avec le temps des pommes. Elle a dit qu'elle avait un poulet farci, un beau bouquet de fleurs fanées et du jus de tomates frais pour toi.

La cadette *(off)* : Le benjamin m'a envoyé une carte postale pour me dire...

Le benjamin *(off)* : ...qu'il suivait un gros chien roux qui s'en allait vers l'Ouest. Plus tu vas vers l'Ouest, plus tu reviens à ton Est ; c'est connu. Alors, regarde du côté du blé d'Inde ; peut-être qu'au temps des récoltes, le jour même où chaque année le benjamin grandit, tu le verras arriver avec son nouveau chien.

La cadette *(off)* : L'automne n'est pas que triste, tu sais. Maintenant, mets ta joue contre la page et écoute. *(Le père met sa joue contre la page et reste ainsi quelques instants)* As-tu compris ? Je t'ai dit que je t'aime.

L'aînée *(off)* : As-tu compris ? Je t'ai dit que je t'aime.

Le benjamin *(off)* : As-tu compris ? Je t'ai dit que je t'aime.

La cadette *(off)* : As-tu senti ? Je t'ai caressé la joue. *(Dans la maison, le téléphone sonne. On entend, très faiblement, des rires d'enfants)* Va répondre. Le téléphone sonne. Allez ! Va répondre ! ... Signé "La cadette".

(Le coq chante. Le téléphone sonne. Le père sort de sa maisonnette-prison)

Le père : Allô ? *(Les premiers oiseaux se font entendre ainsi que les rires d'enfants)* Allô ? Allô...

(Les rires diminuent pendant que le père se dirige vers la maison. On entend le spectre et le chien chanter "Bonne fête, mmm... mmm..." Le soleil se lève. Noir)

Editions Lansman

63, rue Royale B-7141 Carnières-Morlanwelz (Belgique)
Téléphone (32-64) 44 75 11 - Fax/Télécopie (32-64) 44 31 02
E-mail : lansman.promthea@gate71.be

Poème pour une nuit d'anniversaire
**est le cent quatre-vingt deuxième ouvrage
publié aux éditions Lansman
et le vingt-septième
de la collection "Nocturnes Théâtre"**

300 FB - 52 FF
(Toutes taxes comprises)
ISBN 2-87282-181-3

Diffusion et/ou distribution au 1/3/97
Contacter l'éditeur
Vente en librairie et par correspondance

Les éditions Lansman bénéficient du soutien
de la Communauté Française de Belgique
(Direction du Livre et des Lettres),
de l'Asbl Promotion Théâtre et de la

sacd

Société des Auteurs

Ollscoil na hÉireann, Gaillimh

3 1111 40048 1287

Achevé d'imprimer par l'imprimerie Daune à Morlanwelz
Dépôt légal : mars 1997